44 Selbstgemachte Protein-Shakes für Bodybuilder:

Reg das Muskelwachstum ohne Pillen, Kreatine oder Anabole Steroide an

Von

Joseph Correa

Zertifizierter Sport-Ernährungsberater

COPYRIGHT

© 2016 Correa Media Group

Alle Rechte vorbehalten.

Die Vervielfältigung und Übersetzung von Teilen dieses Werkes, mit Ausnahme zum in Paragraph 107 oder 108 des United States Copyright Gesetzes von 1976 dargelegten Zwecke, ist ohne die Erlaubnis des Copyright-Inhabers gesetzeswidrig.

Diese Veröffentlichung dient dazu fehlerfreie und zuverlässige Informationen zu dem auf dem Cover abgedruckten Thema zu liefern. Es wird mit der Einstellung verkauft, dass weder der Autor noch der Herausgeber befähigt sind, medizinische Ratschläge zu erteilen. Wenn medizinischer Rat oder Beistand notwendig sind, konsultieren Sie einen Arzt. Dieses Buch ist als Ratgeber konzipiert und sollte in keinster Weise zum Nachteil Ihrer Gesundheit gereichen. Konsultieren Sie einen Arzt, bevor Sie mit diesen Meditationsübungen beginnen, um zu gewährleisten, dass sie das Richtige für Sie sind.

DANKSAGUNG

Die Durchführung und der Erfolg dieses Buches wären ohne die Unterstützung meiner Familie nicht möglich gewesen.

44 Selbstgemachte Protein-Shakes für Bodybuilder:

Reg das Muskelwachstum ohne Pillen, Kreatine oder Anabole Steroide an

Von

Joseph Correa

Zertifizierter Sport-Ernährungsberater

INHALT

Copyright

Danksagung

Über den Autor

Einleitung

44 Selbstgemachte Protein-Shakes für Bodybuilder

Andere großartige Werke des Autors

ÜBER DEN AUTOR

Als zertifizierter Sport-Ernährungsberater und Profi-Sportler, glaube ich fest daran, dass die richtige Ernährung dir dazu verhilft, deine Ziele schneller und effektiver zu erreichen. Mein Wissen und meine Erfahrung haben mir über die Jahre geholfen, gesünder zu leben. Diese Erkenntnis habe ich mit meiner Familie und meinen Freunden geteilt. Je mehr du über gesunden Essen und Trinken weißt, desto schneller wirst du deine Lebens- und Essensgewohnheiten ändern wollen.

Erfolgreich darin zu sein, dein Gewicht kontrollieren zu wollen, ist wichtig, da es all deine Lebensbereiche verbessern wird.

Ernährung ist der Schlüssel auf dem Weg zu einer besseren Figur. Darum soll es auch in diesem Buch gehen.

EINLEITUNG

44 Selbstgemachte Protein-Shakes für Bodybuilder werden dir dabei helfen, deinen täglichen Protein-Konsum zu steigern und dein Muskelwachstum dadurch anzuregen. Diese Mahlzeiten werden deine Muskeln auf eine organisierte Art und Weise stärken, indem sie deinem Speiseplan eine gesunde Menge an Proteinen zufügen. Zu beschäftigt zu sein, um richtig zu essen, kann manchmal zu einem Problem werden. Darum hilft dir dieses Buch Zeit zu sparen und deinen Körper richtig zu ernähren, damit du die Ziele erreichen kannst, die du erreichen willst. Achte darauf, was du zu dir nimmst, indem du deine Mahlzeiten selbst zubereitest oder sie dir zubereiten lässt.

Dieses Buch wird dir dabei helfen:

-auf natürlichem Weg Muskelmasse schnell aufzubauen.

-die Erholungszeiten zu verbessern.

-mehr Energie zu haben.

-deinen Stoffwechsel auf natürliche Weise anzuregen, um mehr Muskeln aufzubauen.

-dein Verdauungssystem zu verbessern.

Joseph Correa ist ein zertifizierter Sport-Ernährungsberater und Profi-Sportler.

44 SELBSTGEMACHTE PROTEIN-SHAKES FÜR BODYBUILDER

1. Tomaten Protein-Shake:

Zutaten:

1 Glas fettarme Milch

1/4 TL Zimt

1 kleine Tomate

1 geriebene Karotte

1 TL brauner Zucker

Zubereitung:

Wasche die Tomate und schneide sie in kleine Würfel. Schäle die Karotte und reibe sie anschließend. Dabei sollen kleine Streifen entstehen. Vermische die Zutaten in einem Mixer und gib sie in den Kühlschrank.

Nährwertangaben für 1 Glas:

Kohlenhydrate 10,9g

Zucker 7,85g

Proteine 4,38g

Fette insgesamt 2,31g

Natrium 84mg

Kalium 423mg

Calcium 283,7mg

Eisen 0,832mg

Vitamine (Vitamin C Askorbinsäure; B-6; B-12; Folate-DFE; A-RAE; A-IU; E-alpha-Tocopherol; D; D-D2+D3; Thiamin; Niacin)

Kalorien 80

2. Gemüse Protein-Shake

Zutaten:

1 Tasse gehackter Broccoli

halber Bund frischer Spinat

½ Tasse fettreduzierter Joghurt

1 TL Honig

einige Minzblätter

¼ Tasse Wasser

Zubereitung:

Wasche das Gemüse und gib es in einen Mixer. Füge einige Eiswürfel hinzu und vermenge die Mischung gut, bis sie geschmeidig wird.

Nährwertangaben für 1 Glas:

Kohlenhydrate 12,32g

Zucker 7,16g

Proteine 4,95g

Fette insgesamt 2,78g

Natrium 79mg

Kalium 243,6mg

Calcium 117mg

Eisen 2,65mg

Vitamine (Vitamin C Askorbinsäure; B-6; B-12; Folate-DFE; A-RAE; A-IU; E-alpha-Tocopherol; D; D-D2+D3; K-Phylloquinone; Thiamin; Riboflavin; Niacin)

Kalorien 81,3

3. Früchte-und-Gemüse-Protein-Shake

Zutaten:

1 Tasse mit Blaubeeren, Himbeeren, Johannisbeeren und Erdbeeren (gemischt)

½ Tasse gehackter Babyspinat

2 Eiweiß

½ Tasse fettreduzierter Joghurt

1,5 Wassergläser

Zubereitung:

Wasche den Babyspinat und gib ihn in den Mixer. Vermische 2 Eiweiße mit dem fettreduzierten Joghurt, füge Wasser dazu und gib alles in einen Mixer. Vermische alles im Mixer mit den Beerenfrüchten für einige Minuten.

Nährwertangaben für 1 Glas:

Kohlenhydrate11,27g

Zucker 8,11g

Proteine 5,85g

Fette insgesamt 2,94g

Natrium 85mg

Kalium 259,6mg

Calcium 113mg

Eisen 2,03mg

Vitamine (Vitamin C Askorbinsäure; B-6; B-12; Folate-DFE; A-RAE; A-IU; E-alpha-Tocopherol; D; D-D2+D3; K-Phylloquinone; Thiamin; Riboflavin; Niacin)

Kalorien 72,6

4. Melonen Protein-Shake

Zutaten:

¼ Tasse frische Erdbeeren

¼ Banane

1 Scheibe Melone

½ TL Zimt

¼ Tasse gehackte Walnüsse

1 TL brauner Zucker

Zubereitung:

Vermische die Zutaten in einem Mixer und streue etwas Zimt darüber. Bewahre den Shake im Kühlschrank auf und serviere ihn kalt.

Nährwertangaben für 1 Glas:

Kohlenhydrate 13,24g

Zucker 9,19g

Proteine 7,92g

Fette insgesamt 3,54g

Natrium 91mg

Kalium 273,6mg

Calcium 119mg

Eisen 2,09mg

Vitamine (Vitamin C Askorbinsäure; B-6; B-12; Folate-DFE; A-RAE; A-IU; E-alpha-Tocopherol; D; D-D2+D3; K-Phylloquinone; Thiamin; Riboflavin; Niacin)

Kalorien 78

5. Erdbeer Protein-Shake:

Zutaten:

1 Tasse Erdbeeren

½ Tasse fettarme Milch

1 TL Agavensirup

Zubereitung:

Vermische die Zutaten in einem Mixer. Stell sie für einige Minuten in den Kühlschrank und serviere den Shake kalt. Du kannst dem Ganzen noch nach Belieben Eiswürfel beifügen.

Nährwertangaben für 1 Glas:

Kohlenhydrate 8,19g

Zucker 4,05g

Proteine 4,97g

Fette insgesamt 2,64g

Natrium 62mg

Kalium 197,9mg

Calcium 111mg

Eisen 1,23mg

Vitamine (Vitamin C; B-6; B-12; E-alpha-Tocopherol; D; D-D2+D3; K-Phylloquinone; Thiamin; Riboflavin; Niacin)

Kalorien 54

6. Vanille Protein-Shake

Zutaten:

1 Glas fettarme Milch

½ Glas Wasser

1 TL Vanilleextrakt

1 TL klein geschnittene Vanilleschote

¼ TL Zimt

2 TL brauner Zucker

Zubereitung:

Vermenge die Milch mit dem Wasser und erhitze beides bei niedriger Temperatur. Füge die geschnittene Vanilleschote und das Vanilleextrakt hinzu. Rühre alles gut um und lass es für etwa eine Minute aufkochen. Nimm die Mischung vom Herd und lass sie abkühlen. Vermische die abgekühlte Masse mit den anderen Zutaten in einem Mixer. Serviere den Shake kalt.

Nährwertangaben für 1 Glas:

Kohlenhydrate10,12g

Zucker 6,05g

Proteine 4,66g

Fette insgesamt 1,65g

Natrium 79mg

Kalium 203,4mg

Calcium 92mg

Eisen 1,98mg

Vitamine (Vitamin C Askorbinsäure; B-6; B-12; Folate-DFE; A-RAE; A-IU; D; D-D2+D3; K-Phylloquinone; Thiamin; Riboflavin; Niacin)

Kalorien 79

7. Broccoli Protein-Shake

Zutaten:

1 Tasse gekochten Broccoli

1 Glas Wasser

1 Tasse Goji-Beeren

1 TL brauner Zucker

Zubereitung:

Vermische die Zutaten einige Minuten in einem Mixer. Serviere dieses gesunde Getränk kalt.

Nährwertangaben für 1 Glas:

Kohlenhydrate 9,31g

Zucker 5,19g

Proteine 4,83g

Fette insgesamt 1,67g

Natrium 78mg

Kalium 201mg

Calcium 86mg

Eisen 1,13mg

Vitamine (Vitamin C Askorbinsäure; B-6; B-12; A-RAE; A-IU; D; D-D2+D3; K-Phylloquinone; Thiamin; Riboflavin; Niacin)

Kalorien 68,3

8. Kaffee Protein-Shake

Zutaten:

1 Tasse ungesüßten, abgekühlten Kaffee

½ Tasse fettarme Milch

2 TL Vanilleextrakt

2 TL brauner Zucker

1 EL Griechischer Joghurt

Zimt (optional).

Zubereitung:

Vermenge alle Zutaten in einem Mixer. Mische alles für etwa 30 Sekunden gut durch. Trinke den Shake kalt. Du kannst etwas Zimt darüber streuen, aber nur wenn du möchtest. Bewahre diesen Protein-Shake im Kühlschrank auf, oder aber friere ihn zum späteren Verzehr ein.

Nährwertangaben für 1 Glas:

Kohlenhydrate 8,54g

Zucker 5,73g

Proteine 8,78g

Fette insgesamt 2,04g

Natrium 69mg

Kalium 227mg

Calcium 117mg

Eisen 2,79mg

Vitamine (Vitamin C Askorbinsäure; B-6; B-12; Folate-DFE; A-RAE; A-IU; D; D-D2+D3; K-Phylloquinone; Thiamin; Riboflavin; Niacin)

Kalorien 71,3

9. Protein-Shake mit Apfel und Orange

Zutaten:

- 1 kleiner Apfel
- 1 kleine Orange
- ½ Glas Wasser
- 1 TL brauner Zucker
- 1 TL Honig
- 1 TL gehackte Mandeln

Zubereitung:

Gib alle Zutaten für wenige Minuten in einen Mixer. Trinke den Shake kalt.

Nährwertangaben für 1 Glas:

Kohlenhydrate 12,31g

Zucker 8,73g

Proteine 6,98g

Fette insgesamt 3,09g

Natrium 81mg

Kalium 265,9mg

Calcium 109mg

Eisen 1,54mg

Vitamine (Vitamin C Askorbinsäure; B-6; B-12; Folate-DFE; A-RAE; A-IU; E-alpha-Tocopherol; D; D-D2+D3; K-Phylloquinone; Thiamin; Riboflavin; Niacin)

Kalorien 73,1

10. Früchte Shake

Zutaten:

1 Tasse Heidelbeeren

1 Banane

½ TL Zimt

½ Glas fettarme Milch

1 EL Agavensirup

Zubereitung:

Schäle die Banane und schneide sie in kleine Stücke. Vermenge den Agavensirup mit der fettarmen Milch und erhitze beides kurz. Lass es anschließend abkühlen. Vermische die Zutaten für etwa 30 Sekunden in einem Mixer. Streue Zimt darüber und serviere den Shake kalt.

Nährwertangabe für 1 Glas:

Kohlenhydrate 11,12g

Zucker 9,34g

Proteine 6,52g

Fette insgesamt 3,21g

Natrium 93mg

Kalium 208.31mg

Calcium 113mg

Eisen 3,21mg

Vitamine (Vitamin C Askorbinsäure; B-6; B-12; Folate-DFE; A-RAE; A-IU; E-alpha-Tocopherol; D; D-D2+D3; K-Phylloquinone; Thiamin; Riboflavin; Niacin)

Kalorien 79,9

11. Haferflocken Protein-Shake

Zutaten:

½ Tasse Haferflocken

1 Tasse fettarme Milch

¼ Tasse Wasser

1 TL Vanilleextrakt

½ Banane

Zubereitung:

Dieser Shake benötigt in seiner Vorbereitung nur wenig Zeit, ist dafür aber sehr lecker. Alles, was du dafür tun musst, ist die Zutaten in einen Mixer zu geben und alles 30-40 Sekunden zu vermischen, bis eine geschmeidige Mischung entsteht. Stell den Shake 30 Minuten in den Kühlschrank. Wenn du möchtest, kannst du anschließend etwas Zimt darüber streuen.

Nährwertangaben für 1 Glas:

Kohlenhydrate 13,32g

Zucker 7,17g

Proteine 6,91g

Fette insgesamt 3,99g

Natrium 92mg

Kalium 263,2mg

Calcium 119mg

Eisen 2,92mg

Vitamine (Vitamin C Askorbinsäure; B-6; B-12; Folate-DFE; A-RAE; A-IU; D; D-D2+D3; K-Phylloquinone; Thiamin; Riboflavin)

Kalorien 89

12. Pfefferminz Protein-Shake

Zutaten:

2 Tassen fettarme Milch

1 TL Kakaopulver

1 TL gehackte Mandeln

1 EL fettreduzierte Sahne

½ TL Pfefferminzextrakt

Zubereitung:

Erhitze die Milch bei schwacher Temperatur. Füge das Pfefferminzextrakt und das Kakaopulver hinzu. Rühre alles 2-3 Minuten um. Nimm die Mischung vom Herd und lass sie etwa 30 Minuten abkühlen. Mische anschließend die gehackten Mandeln und die fettreduzierte Sahne unter. Gib alles 30 Sekunden lang in den Mixer.

Nährwertangaben für 1 Glas:

Kohlenhydrate 10,32g

Zucker 7,34g

Proteine 6,81g

Fette insgesamt 3,08g

Natrium 85,9mg

Kalium 243,3mg

Calcium 121mg

Eisen 1,09mg

Vitamine (Vitamin C Askorbinsäure; B-6; B-12; Folate-DFE; A-RAE; A-IU; E-alpha-Tocopherol; D; D-D2+D3; K-Phylloquinone; Thiamin; Riboflavin; Niacin)

Kalorien 68,2

13. Leinsamenöl Protein-Shake

Zutaten:

½ Tasse Wasser

½ Tasse fettarme Milch

1 EL gehackte Walnüsse

1 EL Goji-Beeren

1 EL Leinsamenöl

1 TL Vanilleextrakt

1 EL brauner Zucker

Zubereitung:

Mische die Zutaten in einem Mixer 40 Sekunden oder bis eine geschmeidige Mischung entsteht. Bewahre den Shake im Kühlschrank auf und serviere ihn kalt.

Nährwertangaben für 1 Glas:

Kohlenhydrate 14,31g

Zucker 9,19g

Proteine 7,81g

Fette insgesamt 3,09g

Natrium 83mg

Kalium 279,9mg

Calcium 129mg

Eisen 3,09mg

Vitamine (Vitamin C Askorbinsäure; B-6; B-12; Folate-DFE; A-RAE; A-IU; E-alpha-Tocopherol; D; D-D2+D3; K-Phylloquinone; Thiamin; Riboflavin; Niacin)

Kalorien 113

14. Zimt Protein-Shake

Zutaten:

1 Glas fettarme Milch

1 TL Kakaopulver

1 EL Rosinen

1 EL Kürbiskerne

¼ TL Zimt

Zubereitung:

Mische alles in einem Mixer bis eine geschmeidige Mischung entsteht. Serviere den Shake mit Eiswürfeln. Nach Belieben kannst du vor dem Servieren noch etwas Zimt darüber streuen.

Nährwertangaben für 1 Glas:

Kohlenhydrate 12,9g

Zucker 9,27g

Proteine 7,75g

Fette insgesamt 4,57g

Natrium 92,3mg

Kalium 262,7mg

Calcium 123,5mg

Eisen 5,21mg

Vitamine (Vitamin C Askorbinsäure; B-6; B-12; Folate-DFE; A-RAE; A-IU; E-alpha-Tocopherol; D; D-D2+D3; K-Phylloquinone; Thiamin; Riboflavin; Niacin)

Kalorien 86,7

15. Mandel Protein-Shake

Zutaten:

1 Tasse fettarme Milch

½ Tasse Wasser

2 Eiweiß

1 EL gehackte Mandeln

1 EL Honig

½ Tasse Haferflocken

Zubereitung:

Trenne das Eiweiß vom Eigelb. Gib die andere Zutaten dazu und mische alles in einem Mixer 30-40 Sekunden lang. Lass den Shake im Kühlschrank abkühlen. Serviere ihn kalt.

Nährwertangaben für 1 Glas:

Kohlenhydrate 14,31g

Zucker 9,19g

Proteine 7,91g

Fette insgesamt 4,54g

Natrium 103mg

Kalium 287,9mg

Calcium 122mg

Eisen 4,29mg

Vitamine (Vitamin C; B-6; B-12; Folate-DFE; A-RAE; A-IU; E-alpha-Tocopherol; D; D-D2+D3; K; Thiamin; Riboflavin; Niacin)

Kalorien 91

16. Banane Protein-Shake

Zutaten:

1 große Banane

1 Tasse fettarme Milch

½ Tasse Wasser

1 TL Vanilleextrakt

1 EL Agavensirup

Zubereitung:

Schäle die Banane und schneide sie in kleine Stücke. Gib sie zusammen mit den anderen Zutaten in einen Mixer und mische sie 30 Sekunden, bis das Gemisch geschmeidig ist. Stell den Shake in den Kühlschrank und stelle ihn kalt.

Nährwertangaben für 1 Glas:

Kohlenhydrate 10,11g

Zucker 7,17g

Proteine 8,91g

Fette insgesamt 3,23g

Natrium 95mg

Kalium 612,9mg

Calcium 119mg

Eisen 2,88mg

Vitamine (Vitamin C Askorbinsäure; B-6; B-12; Folate-DFE; A-RAE; A-IU; E-alpha-Tocopherol; D; D-D2+D3; K-Phylloquinone; Thiamin; Riboflavin; Niacin)

Kalorien 88

17. Protein-Shake mit Kleie

Zutaten:

1 Tasse fettarme Milch

½ Tasse Wasser

½ Tasse Kleie

1 EL brauner Zucker

1 EL Honig

1 TL Kakao

Zubereitung:

Mische alles in einen Mixer 30-40 Sekunden, bis die Mischung geschmeidig ist. Du kannst auch etwas Zimt dazugeben, aber das liegt bei dir. Lass das Gemisch im Kühlschrank etwa eine Stunde lang abkühlen. Serviere den Shake kalt.

Nährwertangaben für 1 Glas:

Kohlenhydrate 11,7g

Zucker 10,01g

Proteine 5,32g

Fette insgesamt 3,65g

Natrium 86,5mg

Kalium 262mg

Calcium 111mg

Eisen 3,75mg

Vitamine (Vitamin C Askorbinsäure; B-6; B-12; Folate-DFE; A-RAE; A-IU; E;D; D-D2+D3; K-Phylloquinone; Thiamin; Riboflavin)

Kalorien 78,7

18. Waldbeeren Protein-Shake

Zutaten:

½ Tasse Waldbeeren

½ Tasse frischer Waldbeerensaft

½ Tasse Wasser

1 TL Heidelbeerextrakt

2 Eiweiß

1 Hand voll Eis

Zubereitung:

Trenne das Eiweiß vom Eigelb. Gib diese zusammen mit den anderen Zutaten 30 Sekunden in einen Mixer. Serviere den Shake kalt.

Nährwertangaben für 1 Glas:

Kohlenhydrate 13,01g

Zucker 9g

Proteine 7,8g

Fette insgesamt 1,95g

Natrium 98mg

Kalium 234,7mg

Calcium 110mg

Eisen 3,04mg

Vitamine (Vitamin C Askorbinsäure; B-6; B-12; Folate-DFE; A-RAE; A-IU; E-alpha-Tocopherol; D; D-D2+D3; K-Phylloquinone; Thiamin; Riboflavin; Niacin)

Kalorien 68

19. Walnuss Protein-Shake

Zutaten:

1 Tasse Kokosmilch

½ Tasse gehackte Walnüsse

½ Tasse fein gehackter Spinat

1 Ei

2 EL brauner Zucker

1 TL Walnussextrakt

Zubereitung:

Gib die Zutaten in einen Mixer und vermenge alles 30-40 Sekunden lang. Füge der Mischung Eiswürfel bei, bevor du sie servierst.

Nährwertangaben für 1 Glas:

Kohlenhydrate 11,27g

Zucker 8,11g

Proteine 5,85g

Fette insgesamt 2,94g

Natrium 85mg

Kalium 259,6mg

Calcium 113mg

Eisen 2,03mg

Vitamine (Vitamin C Askorbinsäure; B-6; B-12; Folate-DFE; A-RAE; A-IU; E-alpha-Tocopherol; D; D-D2+D3; K-Phylloquinone; Thiamin; Riboflavin; Niacin)

Kalorien 72,6

20. Protein-Shake mit Griechischem Joghurt

Zutaten:

1 Tasse Griechischer Joghurt

1 EL Honig

1 EL brauner Zucker

¼ Tasse fettarme Milch

1 TL Mandelbutter

¼ TL Zimt

Zubereitung:

Vermenge die Milch, die Mandelbutter und den braunen Zucker in einem Kochtopf. Rühre alles gut um und erhitze die Mischung bei niedriger Temperatur 2 Minuten lang. Nimm den Topf vom Herd und lass die Mischung 15 Minuten abkühlen, bevor du sie zusammen mit den anderen Zutaten in einen Mixer gibst. Mische alle 30-40 Sekunden und bewahre den Shake im Kühlschrank auf, damit er kühl bleibt.

Nährwertangaben für 1 Glas:

Kohlenhydrate 13,1g

Zucker 9g

Proteine 7,91g

Fette insgesamt 3,03g

Natrium 95mg

Kalium 259mg

Calcium 119mg

Eisen 3mg

Vitamine (Vitamin C Askorbinsäure; B-6; B-12; Folate-DFE; A-RAE; A-IU; E-alpha-Tocopherol; D; D-D2+D3; K-Phylloquinone; Thiamin; Riboflavin; Niacin)

Kalorien 70

21. Protein-Shake mit Eiern

Zutaten:

1 Tasse fettarme Milch

½ Tasse Wasser

1 EL Griechischer Joghurt

3 Eier

1 TL Vanilleextrakt

1 EL brauner Zucker

Zubereitung:

Vermische die Zutaten in einem Mixer, bis sie geschmeidig sind. Serviere den Shake kalt.

Nährwertangaben für 1 Glas:

Kohlenhydrate 10g

Zucker 6,02g

Proteine 9,84g

Fette insgesamt 3,94g

Natrium 95mg

Kalium 212,2mg

Calcium 123mg

Eisen 2,43mg

Vitamine (Vitamin C;B-6; B-12; Folate-DFE; A-RAE; A-IU; D; D-D2+D3; K-Phylloquinone; Thiamin; Riboflavin; Niacin)

Kalorien 72

22. Erdnussbutter Protein-Shake

Zutaten:

1 Tasse fettarme Milch

¼ Tasse fein gehackte Erdnüsse

1 EL Erdnussbutter

1 EL brauner Zucker

1 EL Goji-Beeren

1 kleiner, grüner Apfel

Zubereitung:

Schäle den Apfel und schneide ihn in kleine Stücke. Verwende einen Kochtopf, um die Erdnussbutter bei schwacher Hitze zu schmelzen. Gib brauner Zucker dazu und rühre alles 30 Sekunden lang. Nimm den Topf vom Herd und lass ihn abkühlen. Vermenge in der Zwischenzeit die anderen Zutaten in einem Mixer, gib Erdnussbutter und Zucker dazu und rühre alles 30-40 Sekunden um. Lass den Shake 30 Minuten im Kühlschrank abkühlen.

Nährwertangaben für 1 Glas:

Kohlenhydrate 13,2g

Zucker 10,7g

Proteine11,6g

Fette insgesamt 2,8g

Natrium 97mg

Kalium 259mg

Calcium 134,3mg

Eisen 3,09mg

Vitamine (Vitamin C Askorbinsäure; B-6; B-12; Folate-DFE; A-RAE; A-IU; E-alpha-Tocopherol; D; D-D2+D3; K-Phylloquinone; Thiamin; Riboflavin; Niacin)

Kalorien 88,4

23. Energie Protein-Shake

Zutaten:

1 EL gehackte Mandeln

1 EL gehackte Walnüsse

1 EL gehackte Macadamianüsse

1 Tasse Apfelbeeren

1 mittlere Banane

1 Glas frischer Orangensaft

1 Glas Wasser

2 Eiweiß

2 EL Honig

1 EL brauner Zucker

Zubereitung:

Dieser Protein-Shake ist leicht zuzubereiten. Gib dazu einfach alle Zutaten in einen Mixer und vermische alles 40 Sekunden lang. Lass den Shake vor dem Servieren abkühlen.

Nährwertangaben für 1 Glas:

Kohlenhydrate 17,47g

Zucker 14,03g

Proteine 15,8g

Fette insgesamt 7,94g

Natrium 175mg

Kalium 369mg

Calcium 189mg

Eisen 6,09mg

Vitamine (Vitamin C Askorbinsäure; B-6; B-12; Folate-DFE; A-RAE; A-IU; E-alpha-Tocopherol; D; D-D2+D3; K-Phylloquinone; Thiamin; Riboflavin; Niacin)

Kalorien 149

24. Pistazien Protein-Shake

Zutaten:

1 Tasse fettarme Milch

¼ Tasse fein gehackte Pistazien

1 EL Erdnussbutter

1 EL Honig

1 Hand voll Eis

Zubereitung:

Mische die Zutaten in einem Mixer, bis eine geschmeidige Mischung entsteht.

Nährwertangaben für 1 Glas:

Kohlenhydrate 13,4g

Zucker 9,15g

Proteine 7,81g

Fette insgesamt 5,91g

Natrium 105mg

Kalium 287mg

Calcium 115mg

Eisen 3,03mg

Vitamine (Vitamin C Askorbinsäure; B-6; B-12; Folate-DFE; A-RAE; A-IU; E-alpha-Tocopherol; D; D-D2+D3; K-Phylloquinone; Thiamin; Riboflavin; Niacin)

Kalorien 81

25. Mandelbutter Protein-Shake

Zutaten:

1 Tasse fettarme Milch

½ Tasse Wasser

½ Tasse Haferflocken

1 EL brauner Zucker

2 EL Mandelbutter

1 TL Mandelextrakt

¼ Tasse Mandelmilch

Zubereitung:

Erhitze die Mandelmilch bei schwacher Hitze und gib den Mandelextrakt, die Mandelbutter und den braunen Zucker dazu. Rühre alles um und erhitze es für 30-40 Sekunden. Nimm den Topf dann vom Herd und lass die Masse abkühlen. Gib sie zusammen mit den anderen Zutaten anschließend in den Mixer und mische alle 30 Sekunden. Genieße den Shake kalt.

Nährwertangaben für 1 Glas:

Kohlenhydrate 15,3g

Zucker 8,11g

Proteine 9,83g

Fette insgesamt 7,81g

Natrium 106mg

Kalium 297,2mg

Calcium 125mg

Eisen 4,09mg

Vitamine (Vitamin C Askorbinsäure; B-6; B-12; Folate-DFE; A-RAE; A-IU; E-alpha-Tocopherol; D; D-D2+D3; K-Phylloquinone; Thiamin; Riboflavin; Niacin)

Kalorien 73

26. Protein-Shake aus grünen Äpfeln

Zutaten:

1 grüner Apfel

2 Eiweiß

1 Glas frischer Apfelsaft

1 EL gehackte Walnüsse

¼ TL Zimt

Zubereitung:

Schäl den Apfel und schneide ihn in kleine Stücke. Trenne das Eiweiß vom Eigelb. Mische alles mit den anderen Zutaten im Mixer 30-40 Sekunden. Serviere den Shake mit Eiswürfeln.

Nährwertangaben für 1 Glas:

Kohlenhydrate 11g

Zucker 8g

Proteine 8,92g

Fette insgesamt 3,44g

Natrium 92mg

Kalium 212,4mg

Calcium 103mg

Eisen 3,03mg

Vitamine (Vitamin C Askorbinsäure; B-6; B-12; Folate-DFE; A-RAE; A-IU; E-alpha-Tocopherol; D; D-D2+D3; K-Phylloquinone; Thiamin; Riboflavin; Niacin)

Kalorien 62

27. Honig-Banane-Protein-Shake

Zutaten:

1 Tasse fettarme Milch

1 mittlere Banane

1 EL Honig

1 TL Bananenextrakt

1 EL Griechischer Joghurt

1 EL fettreduzierte Sahen

Zubereitung:

Schäle die Banane und schneide sie in kleine Würfel. Gib sie zusammen mit den anderen Zutaten 30-40 Sekunden in einen Mixer und lass die Mischung etwa eine Stunde im Kühlschrank abkühlen. Serviere den Shake kalt.

Nährwertangaben für 1 Glas:

Kohlenhydrate 12,7g

Zucker 7,1g

Proteine 9,92g

Fette insgesamt 2,94g

Natrium 85mg

Kalium 249,5mg

Calcium 133mg

Eisen 3mg

Vitamine (Vitamin C Askorbinsäure; B-6; B-12; Folate-DFE; A-RAE; A-IU; E-alpha-Tocopherol; D; D-D2+D3; K-Phylloquinone; Thiamin; Riboflavin; Niacin)

Kalorien 68,9

28. Nussmischung Protein-Shake

Zutaten:

1 TL gehackte Mandeln

1 TL gehackte Walnüsse

1 TL gehackte Haselnüsse

1 TL gehackte Macadamianüsse

1 Glas frischer Orangensaft

1 EL Agavensirup

1 EL fettreduzierte Orangen-Eiscreme

1 Hand voll Eiswürfel

Zubereitung:

Mische die Zutaten 30-40 Sekunden in einem Mixer.

Nährwertangaben für 1 Glas:

Kohlenhydrate 15,19g

Zucker 11,23g

Proteine 9,85g

Fette insgesamt 6,64g

Natrium 115mg

Kalium 309,6mg

Calcium 121mg

Eisen 5,03mg

Vitamine (Vitamin C Askorbinsäure; B-6; B-12; Folate-DFE; A-RAE; A-IU; E-alpha-Tocopherol; D; D-D2+D3; K-Phylloquinone; Thiamin; Riboflavin; Niacin)

Kalorien 98,3

29. Ananas-Protein-Shake

Zutaten:

1 Tasse gehackte, frische Ananas

1 Tasse frischer Ananassaft

2 Eiweiß

1 EL brauner Zucker

1 TL Ananasextrakt

2 Kirschen als Dekor

Zubereitung:

Trenne das Eiweiß vom Eigelb. Mische es zusammen mit den anderen Zutaten 30-40 Sekunden in einem Mixer. Garniere den Shake mit Eis und Kirschen auf der Spitze.

Nährwertangaben für 1 Glas:

Kohlenhydrate 11,34g

Zucker 8,11g

Proteine 6,85g

Fette insgesamt 1,84g

Natrium 84mg

Kalium 209,6mg

Calcium 103mg

Eisen 1,93mg

Vitamine (Vitamin C Askorbinsäure; B-6; B-12; Folate-DFE; A-RAE; A-IU; E-alpha-Tocopherol; D; D-D2+D3; K-Phylloquinone; Thiamin; Riboflavin; Niacin)

Kalorien 58,9

30. Exotischer Protein-Shake

Zutaten:

1 Tasse Kokosmilch

½ Banane

½ Tasse gehackte Ananas

1 TL Kokosextrakt

2 EL fettreduzierte, saure Sahne

2 EL brauner Zucker

Zubereitung:

Gib die Zutaten 30-40 Sekunden in einen Mixer und rühre alles um, bis eine geschmeidige Masse entsteht. Serviere den Shake mit Eiswürfeln.

Nährwertangaben für 1 Glas:

Kohlenhydrate 11,17g

Zucker 8,31g

Proteine 5,85g

Fette insgesamt 2,44g

Natrium 82mg

Kalium 279,6mg

Calcium 114mg

Eisen 2,3mg

Vitamine (Vitamin C Askorbinsäure; B-6; B-12; Folate-DFE; A-RAE; A-IU; E-alpha-Tocopherol; D; D-D2+D3; K-Phylloquinone; Thiamin; Riboflavin; Niacin)

Kalorien 72

31. Pfirsichsahne-Protein-Shake

Zutaten:

1 mittlere Pfirsich

1 Glas Mandelmilch

1 EL fettreduzierte, saure Sahne

1 EL Griechischer Joghurt

1 TL Pfirsichextrakt

1 EL Honig

1 TL Kürbiskerne

1 Hand voll Eis

Zubereitung:

Schneide die Pfirsich in kleine Stücke. Gib sie zusammen mit den anderen Zutaten in einen Mixer und mische alles, bis eine geschmeidige Masse entsteht.

Nährwertangaben für 1 Glas:

Kohlenhydrate 13,27g

Zucker 9,11g

Proteine 7,85g

Fette insgesamt 4,94g

Natrium 85mg

Kalium 259mg

Calcium 103mg

Eisen 2,93mg

Vitamine (Vitamin C Askorbinsäure; B-6; B-12; Folate-DFE; A-RAE; A-IU; E-alpha-Tocopherol; D; D-D2+D3; K-Phylloquinone; Thiamin; Riboflavin; Niacin)

Kalorien 70

32. Protein-Shake mit Griechischem Vanillejoghurt

Zutaten:

1 Tasse Griechischer Vanillejoghurt

1 Tasse fettarme Milch

1 EL gehackte Macadamianüsse

1 mittlere Banane

½ Tasse Erdbeeren

1 TL Vanilleextrakt

Zubereitung:

Schäle die Banane und schneide sie in kleine Würfel. Vermenge sie mit den anderen Zutaten in einem Mixer und mische alle 30-40 Sekunden, bis eine geschmeidige Masse entsteht. Du kannst nach Belieben etwas Vanillepulver darüber streuen, aber das ist dir überlassen. Serviere den Shake kalt.

Nährwertangaben für 1 Glas:

Kohlenhydrate 12,2g

Zucker 6,1g

Proteine 9,85g

Fette insgesamt 3,4g

Natrium 79mg

Kalium 216,6mg

Calcium 111mg

Eisen 2,3mg

Vitamine (Vitamin C Askorbinsäure; B-6; B-12; Folate-DFE; A-RAE; A-IU; E-alpha-Tocopherol; D; D-D2+D3; K-Phylloquinone; Thiamin; Riboflavin; Niacin)

Kalorien 78

33. Pflaumenpower-Shake

Zutaten:

3 reife Pflaumen, entsteint

1 Tasse fettarme Milch

½ Tasse Walnüsse

¼ Tasse Agavensirup

Zubereitung:

Mische die Zutaten 30-40 Sekunden in einem Mixer. Serviere den Shake kalt.

Nährwertangaben für 1 Glas:

Kohlenhydrate 12,21g

Zucker 5,98g

Proteine 6,23g

Fette insgesamt 2,31g

Natrium 82,5mg

Kalium 217,8mg

Calcium 124,3mg

Eisen 1,27mg

Vitamine (Vitamin C Askorbinsäure; B-6; B-12; Folate-DFE; A-RAE; A-IU; E-alpha-Tocopherol; D; D-D2+D3; K-Phylloquinone; Thiamin; Riboflavin; Niacin)

Kalorien 56,4

34. Zitronen Protein-Shake

Zutaten:

1 Glas frische Zitronenlimonade, ohne Zucker

1 EL Zitronenschale

2 EL brauner Zucker

½ Tasse Hüttenkäse

1 EL Vanilleextrakt

1 EL gehackte Haferflocken-Kekse

Zubereitung:

Gib die Zutaten in einen Mixer und verrühre alles, bis die Mischung eine cremige Konsistenz einnimmt. Gib sie in ein Glas und streue etwas gehackte Haferflocken-Kekse darüber. Serviere den Shake kalt.

Nährwertangaben für 1 Glas:

Kohlenhydrate 9,27g

Zucker 6,11g

Proteine 8,85g

Fette insgesamt 4,94g

Natrium 86mg

Kalium 211,4mg

Calcium 115mg

Eisen 1,05mg

Vitamine (Vitamin C Askorbinsäure; B-6; B-12; Folate-DFE; A-RAE; A-IU; E-alpha-Tocopherol; D; D-D2+D3; K-Phylloquinone; Thiamin; Riboflavin; Niacin)

Kalorien 57,6

35. Karamell Protein-Shake

Zutaten:

1 Tasse fettarme Milch

½ Tasse brauner Zucker

½ TL Zimt

1 TL Schokoladenextrakt

1 EL gehackte Mandeln

1 mittlere Birne, gehackt, in kleine Stücke

2 EL Griechischer Joghurt

Zubereitung:

Verwende einen Kochtopf, um den Zucker bei schwacher Hitze zum Schmelzen zu bringen. Gib langsam die Milch dazu und rühre alles etwa eine Minute lang gut um. Aus deinem Zucker wird leckeres Karamell. Nimm den Topf vom Herd und lass den Zucker abkühlen. Schneide währenddessen die Birne in kleine Stücke, vermenge sie mit den restlichen Zutaten in einem Mixer, gib den Karamell dazu und mische alles 40 Sekunden gut durch. Gieße den Protein-Shake in ein Glas, streu etwas Zimt darüber und gib Eiswürfel dazu.

Nährwertangaben für 1 Glas:

Kohlenhydrate 12,37g

Zucker 8,42g

Proteine 6,85g

Fette insgesamt 2,74g

Natrium 83mg

Kalium 239,6mg

Calcium 112mg

Eisen 2,05mg

Vitamine (Vitamin C Askorbinsäure; B-6; B-12; Folate-DFE; A-RAE; A-IU; E-alpha-Tocopherol; D; D-D2+D3; K-Phylloquinone; Thiamin; Riboflavin; Niacin)

Kalorien 72,7

36. Haselnuss Protein-Shake

Zutaten:

1 Tasse fettarme Milch

½ Tasse Griechischer Schokoladenjoghurt

1 TL Kakaopulver

2 EL gehackte Haselnuss

1 EL brauner Zucker

2 Eiweiß

Zubereitung:

Gib die Zutaten in einen Mixer und mische alles, bis eine cremige Masse entsteht. Lass sie anschließend in einem Kühlschrank 30 Minuten abkühlen.

Nährwertangaben für 1 Glas:

Kohlenhydrate 11,27g

Zucker 8,13g

Proteine 9,84g

Fette insgesamt 2,94g

Natrium 82mg

Kalium 253,6mg

Calcium 112mg

Eisen 2,08mg

Vitamine (Vitamin C Askorbinsäure; B-6; B-12; Folate-DFE; A-RAE; A-IU; E-alpha-Tocopherol; D; D-D2+D3; K-Phylloquinone; Thiamin; Riboflavin; Niacin)

Kalorien 62,6

37. Protein-Shake mit Schokolade und Kaffee

Zutaten:

1 Tasse starker, schwarzer Kaffee, ohne Zucker

½ Tasse fettreduzierte Sahne

3 EL Griechischer Joghurt

1 EL brauner Zucker

1 TL Kakao

¼ Tasse gehackte, dunkle Schokolade (80% Kakaoanteil)

1 EL gehackte Haselnüsse

Zubereitung:

Mische die Zutaten in einem Mixer 30-40 Sekunden. Bewahre den Shake im Kühlschrank aus und serviere ihn mit Eiswürfeln. Streu einige gehackte Haselnüsse darüber.

Nährwertangaben für 1 Glas:

Kohlenhydrate 15,27g

Zucker 8,51g

Proteine 10,83g

Fette insgesamt 6,94g

Natrium 83mg

Kalium 259,3mg

Calcium 143mg

Eisen 2,23mg

Vitamine (Vitamin C Askorbinsäure; B-6; B-12; Folate-DFE; A-RAE; A-IU; E-alpha-Tocopherol; D; D-D2+D3; K-Phylloquinone; Thiamin; Riboflavin; Niacin)

Kalorien 74

38. Protein-Shake mit Kirschen

Zutaten:

1 Tasse frischer Kirschsaft, ohne Zucker

1 Tasse Kirschen

½ Tasse Griechischer Joghurt

1 TL Kirschenextrakt

1 EL brauner Zucker

1 Hand voll Eis

Zubereitung:

Du musst einfach nur die Zutaten 30 Sekunden in einen Mixer geben. Serviere den Shake kalt.

Nährwertangaben für 1 Glas:

Kohlenhydrate 10,67g

Zucker 8,11g

Proteine 8,65g

Fette insgesamt 2,54g

Natrium 95mg

Kalium 159,6mg

Calcium 93mg

Eisen 1,03mg

Vitamine (Vitamin C Askorbinsäure; B-6; B-12; A-RAE; A-IU; E-alpha-Tocopherol; D; K-Phylloquinone; Thiamin; Riboflavin; Niacin)

Kalorien 74,6

39. Mango Protein-Shake

Zutaten:

1 Tasse gehackter Mango

½ Tasse Haferflocken

1 TL Kürbiskerne

1 TL Mandelbutter

1 Tasse fettarme Milch

1 EL fettreduzierte Sahne

2 EL brauner Zucker

Zubereitung:

Vermische die Zutaten und verrühre sie, bis eine glatte Masse entsteht. Garniere den Shake mit etwas Mangoextrakt, wenn du möchtest. Serviere ihn kalt.

Nährwertangaben für 1 Glas:

Kohlenhydrate 14,24g

Zucker 8,11g

Proteine 10,85g

Fette insgesamt 6,94g

Natrium 75mg

Kalium 249,6mg

Calcium 103mg

Eisen 2,93mg

Vitamine (Vitamin C Askorbinsäure; B-6; B-12; Folate-DFE; A-RAE; A-IU; E-alpha-Tocopherol; D; D-D2+D3; K-Phylloquinone; Thiamin; Riboflavin; Niacin)

Kalorien 82,6

40. Waldgenuss-Protein-Shake

Zutaten:

1 Tasse frischer Apfelsaft

½ Tasse Wasser

½ mittlere, grüner Apfel

½ mittlere Karotte

½ kleine Pfirsich

½ Tasse gemischte Waldbeeren (Himbeeren, Erdbeeren, Johannisbeeren)

½ Tasse Hüttenkäse

1 EL Agavensirup

Zubereitung:

Vermische die Zutaten in einem Mixer, bis sie eine geschmeidige Masse bilden. Stell den Shake für einige Zeit in den Kühlschrank.

Nährwertangaben für 1 Glas:

Kohlenhydrate 11,27g

Zucker 8,41g

Proteine 9,85g

Fette insgesamt 4,94g

Natrium 84mg

Kalium 159,6mg

Calcium 84mg

Eisen 1,3mg

Vitamine (Vitamin C Askorbinsäure; B-6; B-12; Folate-DFE; A-RAE; A-IU; E-alpha-Tocopherol; D; D-D2+D3; K-Phylloquinone; Thiamin; Riboflavin; Niacin)

Kalorien 59

41. Ingwer Protein-Shake

Zutaten:

1 mittlere Banane

1 Tasse fettreduzierter Joghurt

1 Tasse fein gehackter Spinat

1 TL gehackter Ingwer

2 Eiweiß

1 TL Zitronensaft

2 EL Honig

Zubereitung:

Trenne das Eiweiß vom Eigelb. Vermenge es mit den anderen Zutaten 30 Sekunden in einem Mixer, bis eine schaumige Masse entsteht.

Nährwertangaben für 1 Glas:

Kohlenhydrate 10g

Zucker 5,11g

Proteine 9,85g

Fette insgesamt 4,94g

Natrium 83mg

Kalium 229,6mg

Calcium 115mg

Eisen 2,13mg

Vitamine (Vitamin C Askorbinsäure; B-6; B-12; Folate-DFE; A-RAE; A-IU; E-alpha-Tocopherol; D; D-D2+D3; K-Phylloquinone; Thiamin; Riboflavin; Niacin)

Kalorien 74,6

42. Papaya Protein-Shake

Zutaten:

1 Tasse Papayapüree

½ Tasse Haferflocken

1 Tasse fettarme Milch

½ Tasse Wasser

1 EL Goji-Beeren

1 EL Agavensirup

2 EL brauner Zucker

Zubereitung:

Vermische die Zutaten in einem Mixer und verrühre alles, bis eine geschmeidige Masse entsteht. Serviere den Shake mit Eiswürfeln.

Nährwertangaben für 1 Glas:

Kohlenhydrate 11,2g

Zucker 7,11g

Proteine 9,85g

Fette insgesamt 2,44g

Natrium 84mg

Kalium 178,6mg

Calcium 113mg

Eisen 2,03mg

Vitamine (Vitamin C Askorbinsäure; B-6; B-12; Folate-DFE; A-RAE; A-IU; E-alpha-Tocopherol; D; D-D2+D3; K-Phylloquinone; Thiamin; Riboflavin; Niacin)

Kalorien 69,5

43. Heidelbeeren Protein-Shake

Zutaten:

1 Tasse fettarme Milch

1 Tasse Heidelbeeren

1 EL brauner Zucker

1 TL Minzextrakt

Zubereitung:

Sehr einfach zuzubereiten. Dieser Protein-Shake ist sehr erfrischend und wird in nur 2-3 Minuten zubereitet. Gib einfach die Zutaten 30 Sekunden in einen Mixer und serviere den Shake mit Eiswürfeln.

Nährwertangaben für 1 Glas:

Kohlenhydrate 7g

Zucker 3,11g

Proteine 5,8g

Fette insgesamt 1,94g

Natrium 65mg

Kalium 159,3mg

Calcium 87mg

Eisen 1,03mg

Vitamine (Vitamin C Askorbinsäure; B-6; B-12; Folate-DFE; A-RAE; A-IU; E-alpha-Tocopherol; D; D-D2+D3; K-Phylloquinone; Thiamin; Riboflavin; Niacin)

Kalorien 54

44. Kürbiskuchen Protein-Shake

Zutaten:

1 Tasse Kürbispüree

1 Tasse fettarme Milch

1 EL brauner Zucker

2 Eiweiß

1 mittlere Banane

1 kleiner, grüner Apfel

1 TL Zimt

Zubereitung:

Trenne das Eiweiß vom Eigelb. Schäle den Apfel und schneide ihn in kleine Stücke. Verfahre mit der Banane ebenso. Gib dann alle Zutaten 30-40 Sekunden in einen Mixer. Streu etwas Zimt darauf und lass den Shake im Kühlschrank für einige Zeit abkühlen.

Nährwertangaben für 1 Glas:

Kohlenhydrate 11,36g

Zucker 8,03g

Proteine 10,23g

Fette insgesamt 3,87g

Natrium 79,43mg

Kalium 208,1mg

Calcium 104,9mg

Eisen 1,89mg

Vitamine (Vitamin C Askorbinsäure; B-6; B-12; Folate-DFE; A-RAE; A-IU; E-alpha-Tocopherol; D; D-D2+D3; K-Phylloquinone; Thiamin; Riboflavin; Niacin)

Kalorien 72,7

ANDERE GROẞARTIGE WERKE DES AUTORS

www.ingramcontent.com/pod-product-compliance
Lightning Source LLC
Chambersburg PA
CBHW071747080526
44588CB00013B/2180